MUMA CALLE

*În amintirea bisericii de lemn din
Cotul Morii.*

© Lică Sainciuc, 2021
Codobelc, 2021

Redactor Elena Rudoi
Coperta Anna Vasina
Responsabil de ediție Maria Sainciuc

ISBN 978-1-7368774-3-2

MUMA
CALLE

Reconstrucții matriarhale după
Lao-Tzu
de
Lică Sainciuc

PE CALLE

Cu timpul, înțelepciunea devine mai puțină, iar tehnologia mai multă. Înaintea apariției scrisului, care e o tehnologie, au fost și oameni mai înțelepți decît Lao Tzu. Nu-i cunoaștem, la fel cum nu-l cunoaștem nici pe Lao. După apariția scrisului deja nu au fost.

Limba e și ea o tehnologie. Odată cu apariția limbii oamenii s-au putut distrage de la realitate. De la ceea ce îi înconjoară și se întîmplă în jurul lor. Să ne luăm pe noi doi. Eu scriu și ignor ceea ce e în jurul meu, iar tu citești și ignori ceea ce e în jurul tău. Călătoria noastră se așterne în fața ochilor virtual, ca niște ochelari și vedem lumea mai fadă, sau chiar deloc. Ce eveniment ne poate scoate din parcurgerea liniară a acestor litere? Țipătul unui copil. Sunetul unui sms. Un cutremur. Un alt gînd, care ne duce în altă parte și închidem. Eu fișierul, tu cartea.

Între Lao și Lică sunt multe conexiuni și nu doar imaginate. Ambii sunt vechi, dar tineri. Ambii dăruie permanent, dar sunt ermetici. Din ambii poți lua doar cît poți duce. Pe Lao nu l-am mai prins, decît tradus, dar cu Domnul Lică am vorbit și am lucrat și am tăcut și am comentat pe facebook și am fost în călătorie.

Eu știu un pic ce face el. El curăță copaci, ilustrează cărți, restaurează obiecte vechi, nu recunoaște zeii cetății, face ghidușii și caută tîlcuri în texte. Să luăm Cameleonul din Istoria Ieroglifică de Cantemir. El zice că nimeni nu a citit acea carte. Îl cred. De aceea a tradus-o pe două mii doăzecește. Așa s-a întîmplat și cu scrierile lui Trung Pa. Și cu Ecclesiastul. Și cu Evanghelia lui Matei. A tradus-o pe de-a-nțeleptu.

Dar dacă te uiți la texte în 4D, toate converg spre Lao. Poate e o iluzie de perspectivă temporală. Poate ne place vechimea. Dar poate fi ceva foarte real, foarte simplu în modul de exprimare a vechilor înțelepți. Așa că Lică l-a (tr)adus înapoi pe Lao. Ne așteaptă o lectură deșertătoare. O lectură care dezleagă și slobozește. O lectură care ne face mai liberi. O mare lectură.

Ion Grosu

Naintea nopții noastre umblă
Crăiasa dulcii dimineți;
Chiar moartea însăși e-o părere
și un vistiernic de vieți.

M. Eminescu

Cartea 1

01

Calea care poate fi arătată
    nu e calea cea de-a pururi.
Numele care poate fi rostit
    nu e numele cel de-a pururi.

Ceea ce nu poate fi numit
    este adevărat de-a pururi.
Numele e dintâi a toate celea.

Fiind dezlegată de vrere,
    îți dai seama de minune.
Fiind prinsă în vrere,
    vezi doar întruchiparea.

Dar și minunea și întruchiparea
    au un singur început —
numele căruia e întunerec.

Întunerec întru întunerec.
Poarta spre toată înțelegerea.

02

Când vezi ceva că-i frumos,
    tot atunci se arată altceva urît.
Când vezi ceva că-i bun,
    tot atunci se arată altceva rău.

Este şi nu-i — se nasc în de ele.
Greu şi lesne — se făuresc în de ei.
Lung şi scurt — se numesc în de ei.
Înalt şi jos — se ţin în de ei.
Mai întâi şi apoi — se perindă în de ei.

Deşteptându-te
    faci fără ca să te mişti,
    înveţi fără ca să rosteşti.
Ceva se naşte — şi tu-l laşi;
ceva moare — iar tu-l laşi.

Deşteptându-te
    ai fără ca să ţii,
    faci fără ca să te aştepţi;
    iar fiind făcute, le uiţi.

De aceea eşti de-a pururi.

Când îl lauzi pe unul
    alții se supără.
Când pui preț pe ceva,
    alții fură.

Deșteptându-te-i duci pe oameni —
le deșerți mintea
    dar
    le umpli inima;
le slăbești vrutul
    dar
    le întărești voia.

Deșteptându-te-i ajuți să piardă totul
    din ceea ce știu,
    din ceea ce vor,
și stârnești zăpăceala
    în cei care cred că știu.

Fă nimic,
    și toate s-or pune la loc.

04

Calea-i ca o fântână —
    apa e scoasă mereu,
    și nu încetează.

E ca genunea umplută cu tot ce ar fi fost.

E-ascunsă,
    dar mereu e aici și acum.

Nu se știe din cine-i născută.
E de mai înainte de Domnul cerului.

Calea nu ține nimănui parte —
　　ea naște și cele bune și cele rele.
Nici tu, deșteptându-te, nu ții cuiva parte —
　　îi chemi și pe cei cuvioși și pe cei păcătoși.

Calea-i ca și cum niște foale dintre cer și pământ
　　— e deșartă,
　　　　dar e în stare de orișice.

Cât n-ai lua din ea,
　　ea tot mai mult dă;
cât n-ai învăța,
　　tot mai puțin înțelegi.

Ține-te la mijloc.

06

Calea-i numită Mumă —
    deşartă,
    dar fără margini,
    din puţa Mumei se nasc ceruri şi pământuri

E mereu în tine.

Poţi lua din ea cât vrei.

Calea e fără margini, e fără capăt.

De ce-i fără capăt?
N-a fost niciodată născută,
    încât n-a muri niciodată.

De ce-i fără margini?
Nu-și dorește nimic,
    încât e deschisă tuturor sufletelor.

Deșteptându-te, ești în urmă —
    de atâta ești înainte.
Deșteptându-te, lepezi toate —
    de atâta le ai toate.
    Lepădându-te chiar și de tine însăți,
        ești cu totul împlinită.

08

Seninătatea e aidoma
      apei, ce se hrănește fără silă cu balegă,
        și nu se ferește de rîpile
           pe care le ocolesc oamenii.

La fel și Calea,
precum apa,
    Fiind — ascultă de pământ.
    Vărsându-se — este cumpătată.
    Rupând — este cinstită și mărinimoasă.
    Înecând — nu stăpânește.
    Curgând — are plăcere.
    Stând locului — e cu totul aici și acum.

Destul să fii tu însăți,
    nu te pune cu altele
        nici te întrece,
    de vei fi văzută.

Cupa fiind mereu umplută,
    se varsă până la urmă.
Cuțitul fiind mereu ascuțit,
    se tocește la urmă.
Aurul și bunăstarea mereu fiind adunate,
    se pierd până la urmă.
Lauda oamenilor fiind căutată,
    capeți rușinea la urmă.

Fă-ți treaba, apoi dă-te la o parte.

Iaca Calea Senină.

10

Ți-ai astâmpăra mintea
    să nu se despice?
Ți-ai lăsa trupul să se facă
    înapoi fraged ca la prunc?

Ți-ai curața vederea dinăuntru
    întru limpeziciune?
I-ai iubi pe oameni ca să-i duci
    fără a-i ține în frâu?
Ai schimba cele vii
    fără a le atinge?
Te-ai da de la Minte
    ca să cuprinzi Legea?

A făta și a alăpta,
a avea, fără a ține.
A face, fără a se aștepta,
a domni, fără a stăpâni
    — iat-o Seninătatea Căii.

11

Înjghebăm roata din lemne —
însă gaura din mijloc
    face carul să se miște.

Lipim din lut oala —
dar deșertul dinăuntrul lutului
    ține toate lucrurile.

Legăm pari și nuiele să facem casa —
trăim însă în golul dintre bețe.

Făurim din ceea ce este —
ne folosim de ceea ce nu-i.

12

Mai multe flori de lumină orbesc ochiul.
Mai multe sunete asurzesc urechea.
Mai multe mirosuri tâmpesc gustul.
Mai multe pofte veștezesc trupul.
Mai multe gânduri amețesc mintea.

Deșteptându-te, te uiți afară,
    și vezi ceea ce-i înăuntru.

Lași toate celea
    să vină
    și
    să plece.
Inima-i deschisă ca cerul.

13

Mă feresc și de laudă și de rușine.
Nu mă aștept nici la rău nici la bine.

> Ce înseamnă
> "să te ferești de laudă ca și de rușine?"

Lauda și rușinea te ridică și te coboară
    ca pe o scară — e șubred când nu stai locului

> Ce înseamnă
> "e fără rost să te aștepți și la rău și la bine?"

Eu aștept că-mi va fi bine,
sau
Eu aștept că-mi va fi rău,
    adică cred sau mă tem
— ambele-s niște năluciri,
    pentru că eu țin la mine.

Dacă n-aș ține la mine —
    n-ar fi spaimă.
Dacă nu m-aș privi ca ceva anume,
    de ce m-aș bucura sau m-aș teme?

Lumea întreagă privește-o ca sinele tău;
    crede-le pe toate celea așa precum sunt.
Iubește lumea ca și pre tine —
    cu luare aminte la toate.

14

Te uiți și nu se vede.
Asculți și nu se aude.
Apuci și nu se atinge.
Nu-i dai de capăt, căci e una întreagă.

Deasupra nu-i luminată.
Dedesubt nu-i întunecată.

Fără margine.
Fără nume.
Fiind
     se întoarnă în tărîmul neființei.

Întruchiparea ce cuprinde toate întruchipările,
    chip fără de chip,
       subțire, dincolo de toate închipuirile.

Dai de ea și nu-i vezi fața,
te ții după ea și nu-i vezi spatele.

Prin Calea cea dincolo de atunci
poți trăi dincoace de acum.

Dă-ți seama de unde-ți vine firul —
iat-o firea Seninătății Căii.

15

Babele erau adânci și pătrunzătoare.
Înțelepciunea le era fără de fund —
	nu-i chip să le cunoști adâncimea cugetului,
	poți zice doar de întruchipare:

Cu luare aminte,
	ca atunci când treci pe gheață un rîu.
Cu băgare de seamă,
	ca o iscoadă în tabără străină.
Cuviincioase,
	precum un oaspete.
Lăsătoare,
	ca neaua care se topește.
Îngăduitoare,
	ca un lemn care este cioplit.
Primitoare,
	ca o vâlcea.
De nepătruns,
	ca o apă tulbure.

Vei fi având răbdare să aștepți
	până se limpezește apa?
Vei fi putând sta nemișcat
	până vine de la sine mișcarea cuvenită?

Deșteptându-te, nu cauți împlinire.

Fără să cerci, fără să aștepți,
ești acum,
	de te bucuri de ceea ce este.

16

Deșertându-ți inima până la capăt,
    afli cumpătul senin.
Veghezi cum toate celea răsar
    ca apoi să apună (înturnându-se în cerc).

Cât n-ar fi de felurite –
    toate se întorc la începutul lor.
Se întorc la izvorul seninătății.
Seninătatea e începutul viu.

Începutul viu n-are schimbăciune.
    (Prin schimbăciune rătăcești
        în tulburare și amărăciune).

Cunoscând fără schimbăciune,
    te faci înțeleaptă.
Fiind înțeleaptă, cuprinzi toate celea.
Cuprinzându-le, te faci dreaptă.
Fiind dreaptă, domnești.
Domnind, te unești cu Seninătatea.

Unită cu Seninătate
    vei fi ca și Calea de-a pururi —
trupu-ți va muri odată și odată,
    dar tu însăți niciodată nu piei.

Aici și acum e Seninătatea
	de nici n-o bagi în seamă.

Depărtându-te de Seninătate,
	te reazemi pe Draguste.
	Și mai dincolo e Așteptarea.
	Și departe de tot,
		te ții doar pe Credință.

Iar dacă nici de crezut nu crezi,
	toate celea n-au rost.

Deșteptându-te, nu grăiești, ci faci.
Iar când treaba-i gata,
	lumea zice: "E de mirare —
	am făcut-o noi înșine!"

18

Uitând Calea —
    spui de bunătate și omenie.

Stingându-se Seninătatea —
    vine agerimea și atotștiința.

Nefiind pace în Inimă —
    începe cuviința supusă.

Căzând Trupul în dezmăț —
    iat-o pofta întruchipată.

Mai fericită fără judecată.
Mai cuminte fără adevăr.
Mai dreaptă fără folos.

Dacă mi-e greu fără acestea trei,
le las să fie,
dar eu rămân în mijlocul cercului.

20

Curmă gândirea de pune capăt chinului:
Cu ce-i altfel DA decât NU?
Cu ce-i altfel LAUDA decât RUȘINEA?
S-ar cere oare să ții la ceea ce țin alții,
să te ferești de ceea ce se feresc alții?

De rîsul găinilor!
Toată lumea e mândră, de parcă ar sta la băserică.

Fiind deșteptată nu-mi pasă.
N-am judecată,
     asemenea unui prunc, zburd neînfrânată.

Alții sunt plini de cunoaștere —
     eu ca o nebună neaciuată, îmi deșert mintea.

Eu-s întunecată, alții sunt luminați.
Eu-s tare tâmpită, iar alții sunt ageri.

Mă chinui,
     mă zbucium ca unda mării,
          ca vântul fără preget.
Alții știu meseria,
     eu însă n-o știu, fiind proastă.
Sunt altminteri —
     sug din țițele Mumei.

Deșteptându-mă, am cugetul
    la un loc cu Calea —
    asta-mi dă Seninătate.

Calea e de necuprins.
Cum poate fi cugetul la un loc cu ea?
    Deșteptându-mă, nu mă agăț de gânduri.

Calea e întunecată și-i fără fund.
Cum să mi se dea Seninătate?
    Deșteptându-mă, o las.

Înainte de timp și întindere-i Calea.
E dincoace de ESTE și de NU-I.

Cum de știu că-i adevărat?

Mă uit înăuntrul meu și văd.

De vrei să fii **întreg,** lasă-te parte.
De vrei să fii **drept,** lasă-te strâmb.
De vrei să fii **plin,** lasă-te deșert.
De vrei să te **naști iar,** lasă-te mort.
De vrei să capeți **totul,** lasă totul.

Deșteptându-te, fiind pe Cale,
    dai pildă tuturor sufletelor vii:
Fiind deșteptată,
nu-ți arăți luminarea —
    ceilalți îți văd lumina;
n-ai cu ce te lăuda —
    ceilalți îți cred cuvintele;
nu se știe cine-i deștept —
    ceilalți se văd pre ei în tine;
n-ai de înfăptuit ceva —
    orice ai face – e făptă.

Nu în zadar ziceau babele:
    "De vrei să ți se dea totul
    — leapădă totul."
Doar trăind pe Cale
    pot fi eu însămi.

Spune ce ai de spus,
și apoi taci.

Fii firească,
precum "plouă" — e doar plouă;
precum "ninge" — e numai ninge;
precum "amurgește" —
    nu-i altceva decât amurgește.

Când te deschizi Căii —
    ești la un loc cu Calea
    de sunteți una.

Când te deschizi Seninătății —
    ești la un loc cu Seninătatea
    de vedeți una singură.

Când te deschizi Supunerii —
    ești la un loc cu Supunerea
    de vă supuneți întru totul împreună.

Deschide-te Deschiderii,
    crezându-ți răspunsul,
    și toate celea se limpezesc.

24

Stând în vârful degetelor
    nu prea ai reazem.
Repezindu-te
    nu te duci departe.
Încercând să te deștepți,
    îți slăbești lumina.
Laudându-te,
    nu te cunoști.
Stăpânindu-i pre alții,
    n-ai putere.
Agațându-te de lucrarea ta,
    vei făuri o amăgire.

De vrei să te potrivești Căii,
fă-ți treaba,
și apoi du-te.

25

Ia!
    Nu se vede, nu se aude.
    De dinainte de a se naște lumea.
Senină.
Deșartă.
Singură.
Neschimbată.
Fără capăt.
Mereu acum.
    E Muma lumii.
În lipsa unui nume mai bun,
        i se spune CALLE.

Curge prin toate celea,
    pe dinăuntru și pe dinafară,
    de se întoarnă la izvorul tuturor.

Calea-i mare.
Lumea-i mare.
Pământu-i mare.
Omu-i mare.
    Iată-s cele patru mării.

Măria sa Omul de la pământ.
Măria sa Pământul de la lume.
Măria sa Lumea de la Cale.
Măria sa Calea de la Ea însăși.

De la greutate începe uşurimea.
Zbuciumul purcede din preget.

Deşteptându-mă, colind toată ziua,
    fără să plec de acasă.
Cât n-ar fi de frumos afară,
    rămân senină înăuntru.

De ce, domnind trupul,
    să mă zbengui aiurea?
Să mă las dusă încolo-încoace,
    lepădându-mi rădăcina?
Să mă pun pe zburdat,
    pierzându-mă pe mine însămi?

Unui călător îi șede bine cu drumul,
    căci nu știe ce va urma.
O cântăreață e măiastră
    atunci când se lasă dusă de cânt.
Un om învățat știe că socoteala de acasă
    nu s-a potrivi cu cea din târg.
O fecioară pricepută știe să-și apere puță
    fără ca să-i lege nod.

Deșteptându-te, ajuți tuturor,
    și n-o alungi pre niciuna.
Deșteptându-te, ești gata de orice împrejurare
    și nu treci preste niciuna.
    Iaca semnul deșteptării.

Ce-i un om bun,
    dacă nu pildă pentru om rău?
Ce-i un om rău,
    dacă nu pinten pentru om bun?
De nu pricepi asta,
    vei fi pierdută,
        cât n-ai fi de ageră.
Iaca străfundul.

28

Cunoști bărbatul,
  dar stai cu femeile —
  îmbrățișezi lumea.
Dacă îmbrățișezi lumea,
  Calea nu te va părăsi
  de vei fi ca un prunc.

Cunoști albul,
  stai însă cu negrul —
  fii pilda lumii.
Dacă ești pilda lumii,
  Calea te va întări,
  de vei fi în stare de toate.

Cunoaște-ți sinea,
dar rămâi săracă,
  lasă-te în lume precum ea curge.
Fiind în cursul lumii,
  Calea-ți va însenina sinea
  de te vei întoarce la sinea cea dintâi.

Lumea e făurită din deșertăciune,
  precum mai multe unelte
    sunt dintr-un singur lemn.
Deșteptându-te, cunoști uneltele,
rămâi însă cu lemnul —
  ca să-l poți folosi de-a întregul.

Ai face lumea să fie mai bună?
N-ai cum – căci lumea-i vie.
N-ai cum s-o dregi:
    de te bagi – o strici,
    de o iei drept ceva – o pierzi.

Doar că
la timp să fii în față,
la timp să stai la dos;
la timp să te miști,
la timp să pregeți;
    la timp să fii plin de puteri,
    la timp — sleit;
    la timp — la adăpost,
    la timp — în primejdie.

Le vezi toate celea
    așa precum sunt,
    fără să le înjugi.
Le lași să-și ducă calea,
    de șezi în mijlocul cercului.

30

Când te ții pe Cale,
    nu încerci a supune, nici a învinge.
Căci la orice apăsare se va găsi o împotrivire.
Asuprirea, fie ea și cu un gând bun,
    întotdeauna sare îndărăt.

Îți faci treaba
și apoi te oprești —
    înțelegând că lumea nu-i de înjugat,
iar dacă încerci să iei lucrurile în mână
    mergi împotriva cursului Căii.

Deoarece ai încredere în tine însăți,
    nu ții să-i îndupleci pe alții.

Deoarece ești mulțămită de tine însăți,
    n-ai nevoie să te laude alții.

Deoarece te primești pe tine însăți,
    toată lumea te primește.

Lupta-i unealta supunerii —
    fiind aleasă, n-o suferi.
Lupta-i unealta spaimei —
    fiind aleasă, te ferești de ea.

Cumpătarea e cea mai de preț.
Dacă cumpătul e șubred,
    cum de poți fi ferice?

Nu lupți cu dracii,
    ci cu sufletul din tine —
fiind deșteaptă nu-ți vrei rău.
Nici te bucură învincătura.

Deșteptându-te,
    te supără lupta —
ca și ca o înmormântare,
    e cu bocet și plâns.

Calea nu o poți desluși:
fiind mai măruntă ca un fir de nisip
ea cuprinde roiuri de stele.

De ar sta bărbatul și femeia în mijocul Căii,
toate celea ar fi în bună înțelegere,
lumea s-ar face rai și toți ar trăi în pace,
    legea le-ar sta în inimă.

Ținând trupurile pe Cale, toate se cumpătă —
precum se fut ceriul cu pământul,
    de plouă roua fericirii,
iar oamenii-și pierd sălbătăciunea.

Toate celea ce au nume și chip sunt trecătoare.
Toate celea ce au loc au și capăt. [margini]
Știind a te opri, te vei feri de rele.
Toate celea se încheie în Cale
    precum rîuri în mare.

Să-i cunoști pe alții —
    e înțelepciune,
să te știi pe tine —
    e deșteptăciune.

Să-i birui pe alții —
    e lipsă de moliciune,
să te învingi pe tine —
    e lipsă de slăbiciune.

Să-ți dai seama că ai destule —
    e înzestrare,
să-ți tragi sufletul în mijloc —
    e viere de-a pururi.

34

Calea cea Mare curge oriunde,
    încolo-și-încoace.

Toate celea-s născute din ea,
    totuși ea nu le naște.

Se varsă în faptele sale,
    dar nu cere laudă.

Alăptează lumi fără de capăt,
    însă nu ține la ele.

Deoarece se amestecă cu toate celea,
    fiind ascunsă în inimi —
s-ar putea numi Supusă.

Deoarece toate celea pier în ea,
    și doar ea rămâne de-a pururi —
s-ar putea numi Mare.

Nu-și ia în seamă măreția —
    astfel e într-adevăr măreață.

35

Cufundându-te în Cale
    poți rătăci, nefiind amenințată.

Simți înțelegere a toate celea
    și în mijlocul unei frământări,
        pentru că-i pace în cumpăt.

Un cântec sau
    un miros de mâncare te ademenesc.
Dar cuvintele ce arată spre Cale
        sunt serbede și fără gust.

De o cauți cu ochii –
    nu se vede.
O asculți cu urechea –
    nu se aude.
Te adapi la ea cu inima –
    nu seacă.

Abia atunci poți strâmta,
    când ai ceva larg.
Poți pierde,
    abia atunci când ai.
Poți da,
    când ții ceva.

Asta se numește priceperea adâncă
    a firii a toate celea.

Moalele învinge tarele.
Încetul învinge iutele.

Rămâie-ți lucrarea taină.
Arat-o oamenilor doar la urmă.

Însăși Calea nu făurește nimic.

Deși prin ea se fac toate.

Dacă doamnele cu domnii ar ține-o —
    s-ar schimba de la sine toate celea.
Cu toții s-ar bucura
    de traiul simplu de toate zilele,
        în bună înțelegere
        și iertați de vrere.
Lipsind vrerea,
    toate celea se cumpătă.

Cartea 2

Fiind deșteptată nu caut binele,
   — astfel într-adevăr sunt bună.
Nefăcând, nu las nimic nefăcut.

Fiind bună mereu caut binele,
   — astfel nu-l am destul niciodată.
Facând, prea multe rămân de făcut.

  Fiind mărinimoasă fac câte ceva,
    dar tot mai multe nu fac.

  Fiind dreaptă fac multe,
    dar las și mai multe de făcut.

  Fiind cuvioasă fac, ca să mi se facă,
    și dacă nu mi se răspunde — pedepsesc.

Deci:
pierzând Calea — văd doar Seninătate;
pierzând Seninătatea — văd doar Draguste;
pierzând Dragustea — văd doar Lege;
pierzând Legea — văd doar Datină.

Datina e pleava credinței,
    începutul încâlcelii.

Deșteptându-mă,
iau aminte
la adâncime,
        iar nu la față,
la poamă,
        iar nu la floare.

Nu am voia mea,
        ci trăiesc în ceea ce este,
              lepăd nălucirile.

Fiind deșteptată, nu fac nimic,
        deci nu las nimic nefăcut.

(Fiind proastă mereu fac ceva,
        deci prea multe rămân de făcut.)

Când mă cufund în Cale,
    cerul se face senin și întins,
    pământul tare și plin,
    toate cele vii cresc îngemănate,
    bucuroase de felul lor,
    înmulțindu-se fără capăt,
    neîncetat înnoindu-se.

Când mă vîr în Cale,
    cerul se spurcă,
    pământul se serbezește,
    totul se descumpănește,
    ființele se împuținează.

Când mă deștept
    privesc părțile cu milă,
    fiindcă înțeleg întregimea.

Meseria fiindu-mi mereu supunerea,
deșteptându-mă nu lucesc ca o nestemată,
ci mă las cioplită de Cale,
    aspră și simplă ca o piatră.

Mersul Căii este îndărăt.
Firea Căii este să te lași.

Din Deșertăciune vine Ceva.
Din Ceva vin Toate celea.

Când aud de Cale, fiind senină,
— îndată o iau în seamă.
Când aud de Cale, fiind la răspântie,
— nu prea-mi vine să cred.
Când aud de Cale, fiind neghioabă,
— îmi bat joc de ea.
De nu mi-aș bate joc,
n-ar fi asta Cale.

Spusu-mi-s-a:
Drumul spre lumină pare întunecat.
Drumul înainte pare să ducă înapoi,
drumul drept pare să fie mai lung,
puterea adevărată pare să fie slabă.
Curățenia pare să spurce,
stătornicia pare să schimbe,
limpezimea pare să tulbure.
Măiestria pare neghiobie,
dragustea pare patimă,
deșteptăciunea pare amăgeală.

Calea nu se află nicăieri.
Deși alăptează și împlinește pre toate.

Din Calle se naște Ceva,
din Ceva se naște Altceva,
din Altceva se nasc Toate celea.

Toate au în dos femeia
    și în față bărbatul.
Când se îngeamănă bărbatul și femeia,
    toate capătă bună înțelegere.

Sărmana de mine
    mă tem de singurătate.
Deșteptându-mă,
    mă bucur de ea.

43

Cea slabă-l învinge pe cel tare.
Cea fără de chip încape
        acolo unde nu-i loc.

De aceea-i de preț NE-FACEREA.

Învățare fără cuvinte,
făurire fără fapte
        — iată firea DEȘTEPTĂCIUNII.

44

Să ai faimă ori să ai viață —
    ce ți-i mai aproape?
Să ai tot aurul ori să rămâi viu —
    ce ți-i mai de preț?
Lauda ori rușinea —
    ce-i mai chinuitor?

    Când împlinirea ți-atârnă de alții
        nu mai ai împlinire.
    Când fericirea ți-atârnă de aur —
        nu mai ai fericire.

Fiind mulțămită de ceea ce ai —
    te bucură felul a toate celea.
Dându-ți seama că nimic nu-i lipsă —
    ai de-a pururi toată lumea.

45

O minune adevărată
    pare a fi amăgire,
        pentru că-i cu totul minunată.
O împlinire adevărată
    pare a fi înșelăciune,
        pentru că-i cu totul împlinită.

O dreptate adevărată
    pare a fi strâmbă;
O înțelepciune adevărata
    pare a fi nebună;
O măiestrie adevărata
    pare a fi neghioabă.

Deșteptată fiind, lași să se întâmple
    făurindu-se toate celea care vin.
Te dai la marginea căii,
    de lăși Calea să grăiască ea însăși.

Când mergi pe Cale – macină morile.
Când te abați din Cale – s-adună oștile.

Nu-i o mai mare urgie
    decât ura.
Nu-i o mai mare înșelăciune
    decât spaima.
Nu-i un mai mare păcat
    decât apărarea.

Cea care strävede
  fără ură
    prin orice spaimă
      e de-a pururi iertată.

Fără a deschide vreo uşă,
    poţi deschide inima către Lume.
Fără a te uita pre fereastră,
    poţi vedea inima Căii.

Cu cât mai mult cunoşti,
    cu atât mai puţin înţelegi.

Deşteptându-te,
    ajungi – fără ca să pleci,
    vezi – fără ca să te uiţi,
    ai – fără ca să faci.

48

Mereu cunoscând,
    fiecare zi tot mai adaogi.

Mergând pe Cale,
    fiecare zi tot mai pierzi.

Tot mai puțin și mai puțin ai de făcut,
    până la urmă ajungi la NE-FACERE.

    Când nimic nu-i făcut,
    nu mai rămâne nimic de desfăcut*.

Te deștepți doar lăsând
    toate celea să meargă în felul lor.
Nu te poți deștepta băgându-te.

---

*) refăcut

49

N-am mintea mea,
    lucrez cu minţile altora.

Sunt bună către cei buni,
dar şi către cei răi
    — iată-l binele.

Îi cred pre cei de crezut,
dar şi pre cei ce mint
    — iată-l crezul.

Cugetul deştept e ca şi o întindere
— oamenii nu mi-l înţeleg,
    stau şi aşteaptă.

Deşteptându-mă
    îi ţin pe oameni de prunci.

Mă las în toate celea ce-mi aduce clipa.

Știu c-am să mor,
      și n-am de ce mă agăța —
nu-i înșelăciune în mintea-mi,
nu-i încăpăținare în trupu-mi.

N-am gânduri despre ceea ce fac —
      facerea curge din miezul a ceea ce sunt.

Nu mă agăț de viață —
      încât sunt gata de moarte,
      precum ai fi gata de somn
            după o zi de muncă.

Calea închipuie toate sufletele,
Seninătatea le întruchipează.

Iată de ce tot sufletul
    se închină Căii și Seninătății.

  Calea naște tot ce-i viu,
    alăptează, ține,
    caută, ajută, apără,
    le ia înapoi la sine.

Naște, fără ca să aibă.

Face, fără ca s-aștepte,

Duce, fără ca să se bage:

— Seninătatea Căii
    șede în firea a tot sufletul.

Cea dintâi e Calea.
De aici încep toate, încoace se întorc.

Ca să găsești începutul
    urmărește întruchipările.
Când înțelegi muma, cunoscându-i fătul,
    alini chinul știutului.

Dacă astupi cugetul cu mintea
    de-l umpli cu vreri,
        atunci se tulbură cumpătul.
Dacă stingi cugetul de minte
    de nu lași sufletul în voia simțurilor,
        atunci cumpătul are pace.

Să vezi în amănunte — e limpeziciune.
Să știi să pierzi — e putere.

Ia-ți de ajutor lumina ta
    de te întoarce la izvorul ei.

Aceasta-i «MESERIA FĂRĂ DE CAPĂT».*

---

*) «Rugăciune cea de-a pururi».

53

Lepăd Mintea având Cuget,
   de atâta-mi duc traiul în Cale.

Fac pomană cu mare frică.

Pe un drum mare e ușor de mers,
   totuși toți rătăcesc pe cărări.
Luând aminte la abateri,
   mă țin de mijlocul Căii.

Atunci când
cărturarii o duc bine,
iar țăranii-și pierd pământul;
când
dregătorii cheltuie aurul,
pe arme în loc de leacuri;
când
boierii s grozavi de nu le pasă,
iar săracii n-au adăpost
— iată le pungășia și lauda.

Asta înseamnă a rătăci din Cale.

Orcine se împlântă în Cale —
va fi Senin
       de nu se va mai smulge din Seninătate.

Orcine cuprinde Calea —
va căuta Seninătatea întruna, de-a pururi.

Fie-mi Seninătate în inimă
       de m-oi cuminți.
Fie-mi Seninătate în trup
       de-oi înflori.
Fie-mi Seninătate în minte
       de-oi fi pildă altora.
Fie-mi Seninătate în suflet
       de-oi cânta și juca.

Cum de știu că-i adevărat?
Uitându-mă
       în mine
              însămi.

Fiind în bună înțelegere cu Cale
    sunt aidoma pruncului:

Oasele i-s moi, mușchii slabi,
    dar apucă tare.
Nu cunoaște unirea cu bărbatul,
    totuși puța-i are mau — e atât de vie.
Poate să țipe toată ziua,
    însă n-a răguși deloc — are cumpăt.
Iat-o tăria deșteptată.

Deșteptându-mă,
las toate celea să vină, să plece
fără chin, fără dor.

Deșteptându-mă,
n-aștept ce-o să fie —
încât nu-s înșelată în așteptările mele.
Adică, veghea-mi rămâne străvezie.

Niciodată dezămăgită,
    sufletu-mi nu îmbătrânește.

Cei care știu — nu grăiesc.
Cei care grăiesc — nu știu.

Calea muțește gura,
stinge simțurile,
strunește agerimea,
dezleagă nodurile,
alină flacăra,
așează pulberea.

Iată-ți unirea cea dintâi.

Fii ca și Calea:

Ea nu poate fi
    adusă sau scoasă,
    lăudată ori defăimată,
    cinstită nici rușinată.

Ea poate fi doar lepădată –
    și-i lepădată întruna,
    mereu e pierdută.
Astfel ea-i de-a pururi.

Ca să mă țin de Seninătate
    învăț a merge pe Cale
    fără ca să mă bag.

Pot avea lumea doar nefăcând nimic:
Căci,
Cu cât mai multe piedici trec
    — cu atât mă fac mai păcătoasă.
Cu cât mai multă luptă duc
    — cu atât mă fac mai smintită.
Cu cât mai multe foloase am
    — cu atât mă fac mai hoață.

Deșteaptă fiindu-mi zic:
Lepăd Dreptatea
    și m-oi face cinstită.
Lepăd Adevărul
    și m-oi înzestra.
Lepăd Împătimirea
    și-oi afla rostul.
Lepăd Folosul
    ș-oi da de bine.

Trupu-mi dacă-i domnit cu răbdare,
    o duc bine și frumos.
Iar dacă-i domnit cu biciul,
    mă înrăiesc de mă fac cânoasă.

Mă apuci să mă fericesc —
    și cu cât vreau mai frumos,
        cu atât mai urît iese.
Oi fi semănând fericire
    — răsare însă chinul.
Oi fi semănând cuviință,
    — însă mă umplu de păcate.

Deșteptându-mă să dau pildă,
    nu să pun la treabă.
Deșteptându-mă să fiu ascuțită,
    dar să nu împung.
Să fiu dreaptă,
    dar mlădioasă.
Să fiu luminoasă,
    dar să nu orbesc.

Ca să-ți domnești bine trupul
    se cere doar cumpătare.

Semnul cumpătării e să fii
    dezlegată de gânduri,
    răbdătoare ca cerul,
    pătrunzătoare ca lumina,
    tare ca muntele,
    lăsătoare ca un arbore bătut de vânt,
    fără de scop
        de-ți prinde bine
            orice ți-ar aduce viața.

Ești în stare de orice fiind deșteptată,
    pentru că te-ai lepădat de zestrea ta,
vei căuta de zestrea oamenilor
    precum o mamă caută de prunc.

60

A-ți domni trupul —
    e ca și cum ai frige niște pește mărunt,
    îl fărîmi dacă-l răscolești prea des.

Îndreaptă-ți trupul pe Cale
    de nu-l va mai paște răul.
Nu de aceea că n-ar fi răul acolo,
    ci pentru că vei fi în stare să-l ocolești.
Nu-i da răului nimic de ce să se agațe,
    și ducă-se de la sine putere.

Tot mai mult prinzând la putere,
    te faci ca o mare —
        curg în tine toate rîurile.
Cu cât te faci mai mare,
    cu atât mai cumpătată vei fi.
Cumpătată — înseamnă să crezi în Cale,
    încât să nu ceri apărare.

Precum o babă:
    facând o greșală — își dă seama;
    dându-și seamă — o cunoaște;
    cunoscând — o drege.

Deșteptându-te-i ai de dascăli
    pe cei cari-ți arată scăpările.
Deșteptându-te-i socoți pe alții
    ca pe o umbră de a ta însăți.

Calea e miezul lumii,
comoara omului bun,
adăpostul omului rău.

Lauda o cumperi cu vorbe,
cinstea o câștigi cu fapte,
Calea însă-i fără de preț –
    nimeni nu-i în stare s-o capete.

S-a deprins din moși strămoși
să afli căutând laolaltă cu Calea,
    de ți se iartă scăpătările.

De atâta se bucură lumea într-însa.

Când te cumpetezi, fiind născută din nou,
    nu-i de ajutor nici zestrea nici știința,
    ci doar legea Căii.

63

Fă, fără a face,
lucrează, fără a munci.

Cugetă de ceva mic ca mare
și de cele puține ca multe.

Întâmpină greutatea
    cât e ușoară;
du la capăt o sarcină mare
    cu pași mărunți de fapte mici.

Deșteptându-te, nu te mai întinzi să ajungi mare,
    de atâta capeți măreție.
Când dai de o greutate,
    stând locului te cufunzi în ea.

Deșteptându-te, nu te ții de binele tău —
    astfel nu te mai chinuie chinurile tale.

64

Ceea ce are rădăcini se ține bine.
Ceea ce-i nou e ușor de dres.
Ceea ce-i fărămicios e ușor de spart.
Ceea ce-i mărunt e ușor de rășchirat.

Scapă de rău înainte ca acesta să se arate;
    înșiră-le pe toate până nu-s.
Un pin uriaș crește dintr-un puiet mic.
Un turn înalt se clădește din bulgări mărunți.
Călătoria de o mie de mile purcede de sub tălpi.

Dând buzna, nu poți închega;
încercând s-apuci, poți scăpa.
Dând ghes ca să dai de capăt,
    pierzi ceea ce se mai coace.

Deșteptându-te, faci, lăsând toate să se întâmple.
Rămâi cumpănită la capăt ca și la început.
Nimic nu ai, încât n-ai ce pierde.

Deșteptându-te, vrei să nu vrei;
    înveți să dezveți.
Le-aduci aminte tuturor
    ceea ce au și fost de a pururi.
Îți pasă numai de Cale
    ca să-ți pese de toate celea.

Babele nu încercau să-i învețe pe oameni,
  ci-i dezvățau cu răbdare.

Când cred că știu răspunsul,
  e greu să-i îndrumez pe alții:
atunci când știu că nu-l cunosc,
  alții ar putea să-și descopere Calea.

Dacă mă apuc să învăț a domni,
  să mă țin la o parte de agerime și zestre.

Cu cât e mai scurtă pilda
  cu atât e mai limpede.

Împăcată fiind cu traiul,
  le pot arăta celorlalți
    drumul de întoarcere
      spre firea cea adevărată.

Păraiele curg în mare,
căci marea-i mai dedesubt de păraie,
plecăciunea-i dă mării putere.

De vrei să fii deasupra
    pune-te dedesubt.
De vrei să-i duci pe alții
    învață să mergi în urma lor.

Deșteptându-te ești deasupra celorlalți,
    dar nimeni nu se simte supus.
Deșteptându-te ești în fruntea celorlalți,
    dar nimeni nu se simte tras pe sfori.

Toată lumea te joiește
că nu te-întreci cu nimenea,
deci nimeni nu se-întrece cu tine.

Zice lumea că, deși Calea e mare,
 învățătura-i pare mică.
Asta o face să arate aiurea
 alături de alte învățături,
  dar așa-i știută micimea ei!

Am numai trei învățăminte:
LEPĂD, MĂ-LAS, AJUT.

Iată-s cele trei comori.

Lepădând din ceea ce închipui,
 mă întorci la izvorul firii.
Lăsându-mă și întru bine precum și întru rău,
 vin la înțelegere a toate celea.
Ajutând prin mine însămi,
 împac toate sufletele din lume.

Lepădând, pot dezlega și ierta;
Lăsându-mă – mă deschid;
Ajutând mă fac cutezătoare.

Dar dacă
 cutez fără a ajuta,
 mă deschid fără a mă lăsa,
 și iert fără a lepăda
— atunci mor.

Un luptător mai bun
    își caută un celălalt de o potrivă.
O căpetenie mai bună
    pătrunde mintea oastei.
Un negustor mai bun
    argățește în folosul celorlalți.
O gazdă mai bună
    se ia după vrerea oamenilor.

Toți aceștia fac bine fără a se întrece.

Nu de aceea
    că nu le place să se întreacă,
ci de aceea
    c-o fac numai în joacă,
într-asta sunt asemenea copiilor
    și în bună înțelegere cu Calea.

Zic, domnindu-mi simțurile:

"Decât să fac o mișcare,
  mai bine aștept de mai văd.

Decât să mă mișc înainte mai mult,
  mai bine să mă dau înapoi puțin."
Adicătelea
  merg îndărăt fără a mă preda,
  dau înapoi fără a mă lepăda.

Nu-i mai mare păcat
  decât să blestem ceea ce-i dinafară
— ar însemna să cred că e rău dimprejur.
Astfel aș alunga cele trei comori*
  de m-aș înnebuni pre mine însămi.

Am de împăcat două oști
  — lasându-mă învinsă de ambele.

---

*) trei comori : Lepăd, Mă-Las, Ajut.

Legea e lesne de înțeles
    și-i ușoară de închipuit.

Mintea însă n-o va prinde niciodată,
    de va rătăci încercând s-o urmeze

Legea-i mai veche ca lumea.
    Cum de i-ar putea prinde rostul?

Ca s-o cunoască — uite-se în sine însăși.

Să cred că nu știu — e cunoaștere.
Să cred că știu — e patimă.

Dându-mi seamă că m-am împătimit,
 aș putea să mă vindec.

Deșteptându-mă,
 mă vindec de toată știința.

Astfel sunt cu adevărat teafără.

Când încetez a mă mai minuna,
   — mă apuc de farmece.
Când nu mai cred în mine însămi,
   — mă leg de scripturi.

Deșteptându-mă:
mă dau înapoi,
   ca să nu-i tulburi pre oameni;
învăț fără a-i învăța,
   ca să n-aibă de învățat oamenii.

Încetând a mă minuna,
   mă apuc de farmece.
Pierzându-mă pe mine însămi,
   mă leg de scripturi.

Deșteptându-mă,
mă îndepărtez de la ATUNCI,
   ca să nu mă prind în tulburarea lumii
și mă apropii de ACUM
   ca să învăț eu și lumea.

Calea-i întotdeauna lină.

Învinge fără a se întrece,
Răspunde fără a rosti o vorbă,
Sosește fără a fi chemată,
Împlinește fără a cere socoteală.

Rețeaua ei acoperă întreaga lume.

Cu toate că ochiurile i-s largi,
        nu lasă nimic să se strecoare.

Cându-mi dau seama
    că toate celea se schimbă,
    n-am de ce să încerc să mă țin de ceva.

Când nu mi-i frică să mor,
    n-are rost să mă căpătuiesc.

Să încerc a stăpâni viitorul
    e ca și cum aș lua locul tâmplarului —
    apucând uneltele meșterului
    s-ar putea prea bine să mă tai.

Precum la dregătorie,
când vămile-s prea mari —
    oamenii rămân flămânzi;
când domnia prea se bagă —
    oamenii-și pierd avântul.

Lucrează întru binele tău.
Ai încredere în tine — lasă-te.

76

Omul se naşte moale şi mlădios,
    murind, se face tare şi ţeapăn.

Buruiana, e gingaşă şi plecătoare,
    murind, se face uscată şi fărîmicioasă.

Eu fiind tare şi ţeapăn
    învăţ a muri.
Fiind moale şi lăsător
    învăţ a trăi.

Ceea ce-i vârtos şi tare — s-a sparge.
Ceea ce-i moale şi gingaş
    va dăinui de-a pururi.

Calea făureşte Lumea
> precum ai întinde arcul:
>> susul se îndoaie în jos —
>> josul se îndoaie în sus:
> nici prea întins şi nici prea lăsat,
>> încât totul e bine cumpănit.

> Iei de unde-i prea mult
> şi dai acolo unde nu-i destul.

Încercând să te supui înadins,
mergi îndărătul Căii.

> Iei de unde nu-i destul
> şi dai acolo unde-i prea mult.

Deşteptându-te, poţi da şi tot da,
> întrucât zestrea-ţi nu are capăt.

Faci fără ca să te-aştepţi la ceva,
izbuteşti fără să ai răsplată,
şi nu te crezi mai bună
> decât oricare alta.

Nimic pe lume
    nu-i atât de moale și lăsător ca apa.
nimic însă n-o întrece
    la răzmuiatul a ceva tare și țeapăn.

Ceva moale înfrânge ceva tare,
Ceva blând învinge ceva aspru.
    – fiecare știe că-i adevărat,
        rar însă cineva o poate face.

Deșteptându-te rămâi senină
    în mijlocul amărăciunii.
Răul nu-ți poate pătrunde inima.

Deoarece te-ai lepădat să ajuți altora,
    ești altora de cel mai mare ajutor.

Cuvintele adevărate par ciudate.

Căderea dă deschidere.

Dacă dai vina pe altcineva,
vina se înșiră de nu are capăt.

Deșteptându-te,
îți împlinești datoria
și-ți dregi greșelile.

Deșteptându-te,
faci ceea ce are de făcut
una deșteptată
și nu ceri nimic de la alții.

Dacă trupul e ținut înțelept,
    atunci și simțurile or duce bine.

S-or opri la nevoile trupului
de n-or pierde timpul simțind aiurea.

Deoarece-și vor iubi trupul
nu s-or întinde aiurea
    unde să culeagă,
    cum să pescuiască
    și ce să vâneze.

Le-a plăcea din ceea ce au,
    din ceea ce aveau
    și din ceea ce vor avea.

Să audă cât de aproape păsări cântând
    sau vânat zbenguind,
    — totuna nu s-or repezi aiurea.

81

Cuvintele adevărate nu-s grăitoare —
cuvintele grăitoare nu-s adevărate.

Cele înțelepte nu-și dovedesc dreptatea,
cele cari-și dovedesc dreptatea nu-s înțelepte.

Fiind deșteaptă n-aduni zestre.

Cu cât mai mult faci pentru alții
cu atât ești mai fericită.

Cu cât mai mult dai altora,
cu atât ești mai înzestrată.

Calea ajută fără ca să strice.
Calea Senină-i fără luptă.

POSTFAȚĂ

MAI APROAPE DE REALITATE

Când totul e bine, ce să mai caut? E bine și atât. Când însă lucrurile merg rău, abia atunci ne punem întrebarea: De ce? Ne-o punem nouă. Iar dacă nu găsim vreun răspuns, zicem: De ce, Doamne?

Totuși, unii încearcă să caute fără ca să ajungă la ananghie, atunci când le este bine. Dar înțelegem rațional că nimic nu se face fără motivație. Ce ne îndeamnă să căutăm, nefiind presați de situație? Întrebarea „De ce?" s-ar motiva prin curiozitate. Dar întrebarea „De ce, Doamne?" nu seamănă a fi curiozitate. Mai curând parcă ar fi un oftat, o nelămurire, o dorință, sau poate, admirație.

Căutând răspunsul la „De ce?", răscolim universul lăuntric și cel de dinafară... o facem cu ajutorul minții, sau a spiritului, sau a rațiunii, sau cum i se mai zice acelui ceva dinăuntrul nostru care știe să răscolească — să facă deosebiri, să facă legături, să modeleze, să ne incite, să ne suscite, să ne calmeze. Când căutăm răspunsul la „De ce, Doamne?", acest ceva dinăuntru parcă ar strânge din umeri, zicând: „Nu ține de domeniul meu... e vag, e incoerent, încearcă să reformulezi..."

Încerc.

Dar mă simt în pielea celui care căuta sub felinar. Eu doar am scăpat obiectul în umbră! Lumina e aici — iar obiectul e dincolo, în umbră. Lărgesc jetul de lumină.

Mai multă lumină!

Pe cine-l amăgesc? Obiectul căutat este implicit în umbră. Oriunde aş luminà, nu va mai fi umbră, deci nu se va mai împlini condiţia. Las-o baltă!

Am lăsat-o...

Şi, hop! iată-l pe o clipă.

Poate asta-i soluţia — s-o las baltă? Să mai încerc odată. Nu iese. Mi s-a părut, s-a năzărit. Las-o baltă...

Zău, iată-l iarăşi!!!

Adică, trebuie s-o las baltă cu adevărat, sincer. Dar acum deloc nu-mi iese. În nici un fel. Am învăţat să „las balta" — şi gata! nu mai lucrează. Dă o în mă-sa...

Iar a apărut!

Adică cu „mă-sa" parcă lucrează. Nu, nu mai lucrează. Abandonăm chestia.

...Iar!

Tot e ceva — în orice caz o experienţă: De fiecare dată trebuie să fie ceva nou, proaspăt, sincer, neaşteptat — „neaşteptat" în sensul să nu mă aştept la ceva, deloc. Cam ce ar desemna această noţiune „nou, proaspăt"? E ceva ce nu ştiu, ceva care nu şede în cămara minţii, ceva ce aflu abia *acum*.

Dacă n-aş şti nimic cu desăvârşire — toate celea ar fi noi. Ca la prunci? Iar dacă le ştiu pe toate — s-a zis cu noutatea, toate-s vechi, toate-s de *atunci*!

Iese că ar trebui să fiu atent la ceea ce-i acum, să iau seama ce se întâmplă acum, aici, să iau aminte. Fără ca să iau seamă la ceea ce-i atunci, adică ce a fost, sau ce va fi, la ceea ce-i dincolo.

[Aici apare mai răspicat asemănarea dintre *atunci* și *acolo*, *acum* și *aici*. *Atuncea* nu este — ea a fost sau va fi... Nici *acolo* nu-i! Ca să le vezi / percepi / înțelegi acestea trebuiesc să fie mutate *încoace*. ... Cu cât mai *încolo* — cu atât mai vag și mai variat...]

Cel Deștept

Lucrurile acestea firești, precum „de ce?," „las-o baltă," „nou," „acum," „atunci," „atent" se formalizează pe parcurs, pierd din prospețime, capătă sens filosofic, devin termini în loc de *stări*. „De ce?" devine „problemă, chestiune...", „las-o baltă" — „abandonare, smerire, abnegație...," „nou" — „noutate", „acum" — „actualitate, prezentul" ... Vorba cântecului: Ce-a fost verde s-a uscat, ce-am iubit s-a scuturat...

Cu 2500 de ani în urmă, un om, căruia lumea îi va zice cel Deștept (pre limba lor de atunci „cel Buddha"), s-a pornit să caute răspunsuri la niște întrebări, pe care un om în situația lui n-ar trebui să și le pună. Și descoperind, a zis că n-a găsit ceva nou, ci ceva uitat:

„Aidoma unui om, carele, mergând pe o cărare sălbăticită, ar da de un drum vechi, de o cale bătrânească cutreierată pe timpuri. Ar lua-o pe acolo. Tot ținând așa, ar da de un oraș vechi, de o cetate de scaun minunată locuită odinioară de oameni, plină cu grădini, livezi, iazuri & case. Atunci omul nostru ar rosti domnitorului său ori pârcălabului, zicând, «Măria ta, să știi că ținându-mă de un drum sălbăticit am zărit o cale veche... Am luat-o pe acolo... Am văzut un oraș vechi, o cetate de scaun minunată veche... zidită, plină de grădini, livezi & iazuri. Drege-o, măria ta, acea cetate!» Domnitoriu-său ori pârcălabul ar drege cetatea, astfel încât mai apoi aceasta s-ar face din nou măreață, înzestrată & locuită, zidită din plin & înfloritoare.

Așijderea văzut-am și eu o cale veche, un drum de demult, pe care călătoreau în vechime Cei Deștepți..."

Ce-i cu această cale, părăginită, și apoi iar descoperită, apoi iar părăginită, și apoi iar... din când în când?

Thoma necredinciosul

Cu două mii de ani în urmă, în varianta noastră a universului, a venit Isus și a adus Învățătura Împărăției Cerurilor. Îi învăța mai ales pe cei apropiați, pe discipoli, pe care i-a chemat, rugându-i să lepede toate preocupările secundare, adică cele lumești. După plecarea lui Isus, acești discipoli au rămas autoritate supremă în domeniul Învățăturii. Ei colindau în lung și în lat, repovestind cele auzite direct de la sursă. Alții îi ascultau și transmiteau la rândul lor Învățătura mai departe. Treptat, tot mai multă lume adera la creștinism, și narațiile verbale nu-i mai puteau cuprinde pe toți, și astfel apăreau înregistrări așternute în scris. Acestea erau copiate și răscopiate, apăreau tot mai multe variante, multe erau amestecate cu greșeli sau născociri. Organizația creștinilor — Biserica, cuprinzând tot mai multă lume și ieșind din ilegalitate, a început să joace un rol important în structura socială: Legile Domnului deviau în niște legi omenești, în cele raționale, pildele deveneau povețe de comportare, afirmațiile transcendentale erau lămurite din punct de vedere logic sau domestic. Cu scurgerea timpului explicațiile se diversificau, deveneau contradictorii, chiar antagoniste.

Era eminent pericolul scindării în sânul Bisericii. Capii religioși au încercat să facă ordine în texte care circulau cu nemiluita, triindu-le în canonice și non-canonice, adică apocrife. Din sumedenia de scripturi au fost lăsate cam 20, celelalte au fost considerate neadecvate, și scoase din uz — printre ele și evanghelia de la Thoma poreclit „Necredinciosul".

Astăzi se cunosc două versiuni ale Evangheliei de la Thoma: prima prezentă niște fragmente grecești, datate aproximativ la anul 200; a doua e o versiune completă, în coptă—limba creștinilor din Egipt. A fost, probabil, scrisă mai întâi în limba greacă între mijlocul secolelor 1 și 2. Evanghelia de la Thoma conține numai învățăminte, fără a descrie careva evenimente din viață, printr-asta deosebindu-se net de celelalte scripturi.

Cu încetul oamenii pierdeau înțelegerea învățămintelor, astfel ele deveneau „tainice", „secrete", „gnostice" — aici se arată a fi profetică pilda femeii care ducea făina într-o oală spartă (97), amânând pentru mai târziu gustarea Învăţăturii — identică în acest sens cu pilda Marthei din Luca.

„Împărăţia Cerurilor" nu e un careva obiect, careva loc (confundarea comună cu „raiul", acolo unde ne este „bine"), Împărăţia nu se găseşte undeva.

Se face adresarea spre *„Acum"*, spre realitate, spre viaţă, spre *Dumnezeul cel Viu*, iar nu spre nişte visuri şi aduceri aminte, spre ce va fi sau a fost *„Atunci"*. Aici şede „germenele" Împărăţiei—alegoriile cu sămânţa de muştar, cu plămada, cu talanţii, cu grăunţii... Dezvoltarea însuşirilor spirituale inerente, care zac de la bun început în noi, dar care trebuiesc descoperite — e acea comoara care deja este în arie, acea comoara perenă care nu se supune descompunerii şi înstrainării.

Accederea realităţii propriului suflet, a sinelui, a conştiinţei este identică cu expresia din Matthei: „să-l iubeşti pe Dumnezeu cu toată inima, cu tot sufletul, cu toată-ţi mintea. Aceasta-i spusa cea dintâi şi mai mare."

Povestea „Cititului"

Am auzit că undeva departe, tare departe, stă cineva în fața unei foi albe, împestrițate cu pete negre. Mișcă degetul pe foaie, încolo-încoace, iar cu buzele parcă ar șopti ceva. Se zice că citește. Se zice că citind — află. Află diferite taine, ascunse de la alți.

Vreau să aflu și eu. De mult mă preocupă acest lucru.

Încerc să îndeplinesc condițiile. Mai întâi fac rost de o „foaie alba cu pete negre". M-aș duce peste mări si țări, sau aș da bani grei, dar e mai la îndemână s-o fac singur... E foarte complicată treaba cu fabricarea unei foi albe. Si cu pete e foarte greu — de-aș ști cum arată afacerea!

Să mă consult cu cineva, care a și văzut așa ceva... Cică petele sunt mici, și nu sunt negre toate — se nimeresc de cele roșii, dar mai rar. Cât de rar? E vreo proporție? Sper că ceea ce am făcut e la fel ca originalul... Cineva care văzuse, zice că-i leit. Acest lucru mă umple de bucurie. Prima etapă e trecută. Mă așez în fața foii, cu degetul pe ea, încep să mișc degetul încolo-încoace... Doamne, câte emoții! E ceva feeric! Mă simt aproape de taina cea ascunsă. Dar trebuie să mai dau și din buze. E un pic deșucheat, aici se cere o coordonare, dar mă deprind câte oleacă. Citesc! Pătrund taina! Mă trec fiorii. O, minune! — e o stare emoționantă, curată, detașată de patimile omenești. În timp ce alții prășesc, mănâncă, beau, se ceartă, și mai câte — eu pătrund taina. Ei nu mă înțeleg. Dar, de fapt, nu-i înțeleg eu: cum poți pierde timpul pe prostii.

— Hai, încearcă și tu.

— Nu-mi iese.

— Da tu mai încearcă odată, de mai multe ori.

— Da, parcă aș simți ceva... nu-s sigur.

— Ei, lasă, nu-i nimic, nici mie nu-mi reușește de fiecare dată. Există momente când parcă mă apropii, iar apoi dispare, nici nu știu ce să zic. Hai să ne consultăm cu cineva. Dar unde să găsim omul?

etc. ...

Am încercat tot soiul de foi cu tot felul de pete, am mișcat degetul de la stânga la dreapta, și de la dreapta la stânga, și de sus în jos, și de jos în sus, și pe diagonală, am dat din buze în diferite moduri, am încercat să aleg alte locuri pentru această îndeletnicire, să-mi schimb poziția. Și după o lungă serie de eșecuri a venit trezirea — toate acestea sunt niște prostii, povești, născociri.

Nu există nici un fel de „citit".

Există scamatorii și vrăjitorii, doar pentru a deruta omul.

POTOPUL

Pentru mine CALLEA este primul text religios clar, în care lipsește cu desăvârșire aparatul superstițios de noțiuni convenționale al de „îngeri" / „draci" / „păcat" / etc ... Este atât de relevant că te poți descurca în cele spirituale și fără acestea, că nu-ți vine a crede!

Stephen Mitchell, de la care m-am inspirat la început, mi-a dat cheia abordării unui text religios. Dar, din altă parte, el nu observase caracterul Matriarhal al Căii, deși constată că „din toate religiile mari ale lumii, învățătura lui Lao-Tzu e cea mai feminină." Am încercat să fac conexiuni cu civilizații matriarhale, cum ar fi de pildă cea Tibetană, dar mai ales cea din zona noastră: mă refer la ipoteza Diluviană a Mării Negre (10 000 — 7 600 de ani în urmă) și la cultura arheologică Cucuteni-Triphoi (Trypillia/Tripolye) răspândită în Europa Centrală, aproximativ pe la 5 400 — 2 700 î.e.n. Cultura aceasta are un caracter evident matriarhal, iar de cataclismul Mării Negre este legată migrarea și răspândirea populației indo-europene. Îmi vine să cred că împreună cu indo-europenii s-a răspândit și civilizația matriarhală.

Lică Sainciuc

Cartea Imanenței Căii

În limba chineză *tao* sau *dào* înseamnă cale; *te/dé* – seninătate; *ching/jīng* – scriptură, deci «tao te ching» s-ar traduce *Cartea imanenței căii* sau *Cartea căii și a modului în care se manifestă în lume* sau, pur și simplu, *Cartea căii*. Este bine cunoscută pe plan universal prin titlul său chinez, și lumea n-o mai traduce și-i spune *Dao*, iar mișcării spirituale – *Daoism*.

Despre Lao-tzu practic n-ai ce spune. O fi fost un contemporan mai învârstă al lui Confuciu (551-479 î.e.n.) și o fi ocupat funcția de arhivar într-una dintre țărișoarele vremii. Dar toate informațiile ajunse până la noi sunt extrem de dubioase. Însăși semnificația numelui de Lao Tzu său este incertă (cele mai probabile interpretări: „Bătrânul Maestru" sau, mai pitoresc, „Băiatul Bătrân"). Certă este doar existența cărții – una dintre minunile lumii.

Descriind un deștept, Stephen Mitchell folosește în traducerea sa pronumele „she" la fel de des ca și „he," constatând: "limba chineză nu face deosebiri de gen — în engleză avem de ales." Deci, el a simțit că ar fi neadevărat să prezinte un **arhetip masculin**, precum au făcut predecesorii săi. Mai ales că dintre toate religiile mari ale lumii, învățătura Dao e cea mai feminină, și suntem liberi să substituim pe „el" cu „ea" și invers.

Problema genului este piedica de care se ciocnesc și traducerile rusești, și de multe ori n-o pot depăși. Regulile limbii ruse obligă interpretatorii să trateze *Calea* la gen neutru, ceea ce duce la paradoxuri: „Оно существует предвечно, но я не знаю, **чей оно сын и предшествовало ли первому царю**." [cap. 4]

"În ceea ce privește metoda — afirmă Stephen Mitchell — am lucrat după versiunea literală a lui Paul Carus, care oferă echivalente în limba engleză (de multe ori foarte ciudate) alături de **ideogramele** chineze. ... Dar cea mai esențială pregătire pentru munca mea a fost un curs de studii Zen timp de 40 de ani, care m-a adus față în față cu Lao-Tzu și cu adevărații săi discipoli și moștenitori, primii maeștri chinezi Zen." Având de a face cu o mare poezie, o traducere mai liberă este uneori și cea mai fidelă. „A vedea cum sună în calitate de poezie engleză" spunea dr. Johnson „este modul de a aprecia meritul unei traduceri."

Stephen Mitchell spune: "Am parafrazat, am extins, am contractat, am interpretat, am lucrat cu textul, m-am jucat cu el, până când s-a întruchipat într-un limbaj care mi s-a părut autentic. Fără ca să traduc mot a mot cuvintele lui Lao-tzu, intenția-mi era mereu să-i traduc cugetul."

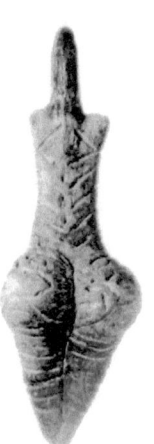

UNELE SURSE

https://terebess.hu/english/tao/mitchell.html#Kap81

the newest computer-assisted translation of Lao Tzu's famous
TAO TE CHIP

The Way of the One and the Zero
Written by Jeffrey Sorensen.

https://ttc.tasuki.org/display:Code:gff,sm,jhmd,jc,rh/section:1

COMPARE TRANSLATIONS

Translator	Year	Source
Gia-Fu Feng	1972	terebess.hu
Stephen Mitchell	1988	terebess.hu
Victor H. Mair	1990	terebess.hu
Stephen Addiss & Stanley Lombardo	1993	terebess.hu
Derek Lin	1994	terebess.hu
J.H. McDonald	1996	terebess.hu
Jim Clatfelter	2000	terebess.hu
David Hinton	2002	archive.org
Ron Hogan	2004	beatrice.com
Agnieszka Solska	2005	archive.org

Tao Te Ching

THE BOOK OF THE WAY

A New English Version, with Foreword and Notes, by Stephen Mitchell

THE TAO TEH KING,
OR THE TAO AND ITS CHARACTERISTICS
by Lao-Tse
translated by James Legge
(Sacred Books of the East, Vol 39) [1891]

http://www.litres.ru/pages/biblio_book/?art=3942535&lfrom=159481197

ДАО ДЭ ЦЗИН

Книга пути и достоинства

…перевод с китайского известного трактата Лао-цзы о нравственности сделан по поручению редакции «Вопросов философии и психологии» японским ученым Д.П. Конисси… В основу перевода положен текст ценного китайского издания, хранящегося в Румянцевском музее в Москве, под № 40 Китайского отдела. Переводчик пользовался также при своем труде несколькими добытыми им японскими изданиями трактата Лао-цзы, а также текстом, изданным Станисласом Жюльеном (Paris, 1842).

http://www.litres.ru/pages/biblio_book/?art=2572405&lfrom=159481197

Лао цзы

ДАО ДЭ ЦЗИН.

Книга пути и благодати

В 1950 г. Ян Хин шуном был осуществлен перевод «Дао дэ цзин» на русский язык. Для настоящего издания взят данный перевод, сверенный с китайским оригиналом, вошедшим в 3 й том «Чжуцзы цзичэн» («Собрание классических текстов». Шанхай, 1935), и заново отредактированный.

https://www.scribd.com/document/64912554/Tao-Te-Ching-in-roman%C4%83-Cartea-despre-Cale-%C8%99i-Virtute

Tao Te Ching
de Lao Tse (în limbă română)
Copyright © 2000 by Octavian Sărbătoare

Acest ciob de oală a zăcut în pământ
cam 7 000 de ani, până
am dat de el...

www.ingramcontent.com/pod-product-compliance
Ingram Content Group UK Ltd.
Pitfield, Milton Keynes, MK11 3LW, UK
UKHW041229200426
11947UKWH00035B/577